ሀ - ግዕዝ

የአማርኛ ፊደል ገበታና የፅሑፍ መማሪያ

Amharic Alphabet Gebeta book

www.mteagleethio.com

በታቲያና ክፍሌ

By Tattiana Kifile

2020/21

I0157476

ISBN: 978-1-7344768-7-3

ከ (Keh) From_____

www.mteagleethio.com

ለ (Le) To _____

ቀን (Qen) Date _____

የዚህ መጽሀፍ አላማ

ይህ መፅሀፍ አማርኛ ቋንቋን በቀላሉ ለልጆች ለማስተማርና እንዲሁም ደግሞ ለሌሎች ራሳቸዉን ለማስተማር ለሚፈልጉ ዜጎች የተዘጋጀ ነዉ።

The intent of the book

This book is primarily intended to teach children the Amharic language, but can also be used by all others to teach themselves the basics of the language as well.

አማርኛ ፊደል መማሪያ

Ha - ሀ	Hu - ሁ	Hee- ሂ	Haa- ሃ	Hae - ሄ	Heh- ህ	Ho - ሆ
Le - ለ	Lu - ሉ	Lee - ሊ	La - ላ	Lay - ሌ	Leh - ል	Lo - ሎ
Ha - ሐ	Hu - ሑ	Hee - ሒ	Haa - ሓ	Hae - ሔ	Heh - ሕ	Ho - ሖ
Meh - መ	Mu- ሙ	Mee - ሚ	Ma - ማ	Mae- ሜ	Mih- ም	Mo - ሞ
Seh - ሠ	Su - ሡ	See - ሢ	Sa - ሣ	Sae - ሤ	Sih - ሥ	So - ሦ
Reh - ረ	Ru - ሩ	Ree - ሪ	Ra - ራ	Rae - ሬ	Rih - ር	Ro - ሮ
Seh - ሰ	Soo - ሱ	See - ሲ	Sa - ሳ	Sae - ሴ	Sih - ስ	So - ሶ
Sheh - ሸ	Shu - ሹ	Shee - ሺ	Sha - ሻ	Shae- ሼ	Shih- ሽ	Sho - ሾ
Qeh - ቀ	Qu - ቁ	Qee - ቂ	Qa - ቃ	Qae - ቄ	Qih - ቅ	Qo - ቆ
Beh - በ	Boo - ቡ	Bee - ቢ	Ba - ባ	Bae - ቤ	Bih - ብ	Bo - ቦ
Teh - ተ	Tu - ቱ	Tee - ቲ	Ta - ታ	Tae - ቴ	Tih - ት	To - ቶ
Cheh -ቸ	Chu- ቹ	Chee - ቺ	Cha- ቻ	Chae-ቼ	Chih-ች	Cho - ቾ
Ha - ኀ	Hu - ኁ	Hee - ኂ	Haa- ኃ	Hae - ኄ	Heh - ኅ	Ho - ኆ

አማርኛ ፊደል መማሪያ

Neh - ነ	Nu - ኑ	Nee - ኒ	Na - ና	Nae - ኔ	Neh -ን	No - ኖ
Gna - ኘ	Gn - ኙ	Gnee - ኚ	Gna- ኛ	Gnae-ኜ	Gneh-ኝ	Gno- ኞ
Aa - አ	Ao - ኡ	Ee - ኢ	Aa - አ	Ae - ኤ	Ih - እ	O - ኦ
Keh - ከ	Koo -ኩ	Kee- ኪ	Ka - ካ	Kae -ኬ	Kih - ክ	Ko - ኮ
Huh - ኸ	Hu - ኹ	Hee -ኺ	Ha - ኻ	Hae -ኼ	Hih - ኽ	Ho - ኾ
Weh - ወ	Wu -ዉ	Wee - ዊ	Wa - ዋ	Wae - ዌ	Wih-ው	Wo - ዎ
Aa - ዐ	Oo - ዑ	Ee - ዒ	Aaa -ዓ	Ae - ዔ	Ih - ዕ	O - ዖ
Ze - ዘ	Zu - ዙ	Zee - ዚ	Zaa - ዛ	Zae - ዜ	Zih - ዝ	Zo - ዞ
Zjeh - ዠ	Zjoo-ዡ	Zjee- ዢ	Zjaa-ዣ	Zjae- ዤ	Zjih- ዥ	Zjo - ዦ
Ye - የ	Yu - ዩ	Yee - ዪ	Yaa- ያ	Yae - ዬ	Yih - ይ	Yo - ዮ
Duh - ደ	Doo -ዱ	Dee - ዲ	Daa- ዳ	Dae- ዴ	Dih- ድ	Do - ዶ
Je - ጀ	Joo - ጁ	Jee - ጂ	Jaa - ጃ	Jae - ጄ	Jih - ጅ	Jo - ጆ
Guh- ገ	Goo - ጉ	Gee - ጊ	Ga - ጋ	Gae - ጌ	Gih - ግ	Go - ጎ

አማርኛ ፊደል መማሪያ

Tte - ጠ	Ttu- ጡ	Ttee- ጢ	Ttaa-ጣ	Ttae-ጤ	Ttih- ጥ	Tto - ጦ
Chhe-ጨ	Choo-ጩ	Chee-ጪ	Chaa-ጫ	Chae-ጬ	Chih-ጭ	Chho-ጮ
Ppuh- ጰ	Ppoo-ጱ	Ppee- ጲ	Ppaa-ጳ	Ppae-ጴ	Ppih-ጵ	Ppo- ጶ
Tse - ጸ	Tsoo-ጹ	Tsee - ጺ	Tsaa-ጻ	Tsae- ጼ	Tsih- ጽ	Tso - ጾ
Tse - ፀ	Tsoo-ፁ	Tsee - ፂ	Tsaa-ፃ	Tsae- ፄ	Tsih -ፅ	Tso - ፆ
Fe - ፈ	Foo - ፉ	Fee - ፊ	Faa - ፋ	Fae - ፌ	Fih - ፍ	Fo - ፎ
Peh - ፐ	Poo - ፑ	Pee - ፒ	Paa -ፓ	Pae - ፔ	Pih - ፕ	Po - ፖ

እጅ ፅሁፍ መለማመጃ
/ Hand writing practice/

ሀ <u>ሀ</u> __ ___ ___ ___ ___ ___ ___ ___

ሁ <u>ሁ</u> __ ___ ___ ___ ___ ___ ___ ___

ሂ <u>ሂ</u> __ ___ ___ ___ ___ ___ ___ ___

ሃ <u>ሃ</u> __ ___ ___ ___ ___ ___ ___ ___

ሄ <u>ሄ</u> __ ___ ___ ___ ___ ___ ___ ___

ህ <u>ህ</u> __ ___ ___ ___ ___ ___ ___ ___

ሆ <u>ሆ</u> __ ___ ___ ___ ___ ___ ___ ___

ለ <u>ለ</u> __ ___ ___ ___ ___ ___ ___ ___

ሉ <u>ሉ</u> __ ___ ___ ___ ___ ___ ___ ___

ሊ <u>ሊ</u> __ ___ ___ ___ ___ ___ ___ ___

ላ <u>ላ</u> __ ___ ___ ___ ___ ___ ___ ___

ሌ <u>ሌ</u> __ ___ ___ ___ ___ ___ ___ ___

ል <u>ል</u> __ ___ ___ ___ ___ ___ ___ ___

ሎ <u>ሎ</u> __ ___ ___ ___ ___ ___ ___ ___

እጅ ፅሁፍ መለማመጃ
/ Hand writing practice/

ሐ ሐ ___ ___ ___ ___ ___ ___ ___

ሑ ሑ ___ ___ ___ ___ ___ ___ ___

ሒ ሒ ___ ___ ___ ___ ___ ___ ___

ሓ ሓ ___ ___ ___ ___ ___ ___ ___

ሔ ሔ ___ ___ ___ ___ ___ ___ ___

ሕ ሕ ___ ___ ___ ___ ___ ___ ___

ሖ ሖ ___ ___ ___ ___ ___ ___ ___

መ መ ___ ___ ___ ___ ___ ___ ___

ሙ ሙ ___ ___ ___ ___ ___ ___ ___

ሚ ሚ ___ ___ ___ ___ ___ ___ ___

ማ ማ ___ ___ ___ ___ ___ ___ ___

ሜ ሜ ___ ___ ___ ___ ___ ___ ___

ም ም ___ ___ ___ ___ ___ ___ ___

ሞ ሞ ___ ___ ___ ___ ___ ___ ___

እጅ ፅሁፍ መለማመጃ
/ Hand writing practice/

ሠ   ሠ __ __ __ __ __ __ __

ሡ   ሡ __ __ __ __ __ __ __

ሢ   ሢ __ __ __ __ __ __ __

ሣ   ሣ __ __ __ __ __ __ __

ሤ   ሤ __ __ __ __ __ __ __

ሥ   ሥ __ __ __ __ __ __ __

ሦ   ሦ __ __ __ __ __ __ __

ረ   ረ __ __ __ __ __ __ __

ሩ   ሩ __ __ __ __ __ __ __

ሪ   ሪ __ __ __ __ __ __ __

ራ   ራ __ __ __ __ __ __ __

ሬ   ሬ __ __ __ __ __ __ __

ር   ር __ __ __ __ __ __ __

ሮ   ሮ __ __ __ __ __ __ __

እጅ ፅሁፍ መለማመጃ
/ Hand writing practice/

ሰ   ሰ _____ ___ ___ ___ ___ ___ ___ ___

ሱ   ሱ _____ ___ ___ ___ ___ ___ ___ ___

ሲ   ሲ _____ ___ ___ ___ ___ ___ ___ ___

ሳ   ሳ _____ ___ ___ ___ ___ ___ ___ ___

ሴ   ሴ _____ ___ ___ ___ ___ ___ ___ ___

ስ   ስ _____ ___ ___ ___ ___ ___ ___ ___

ሶ   ሶ _____ ___ ___ ___ ___ ___ ___ ___

ሸ   ሸ _____ ___ ___ ___ ___ ___ ___ ___

ሹ   ሹ _____ ___ ___ ___ ___ ___ ___ ___

ሺ   ሺ _____ ___ ___ ___ ___ ___ ___ ___

ሻ   ሻ _____ ___ ___ ___ ___ ___ ___ ___

ሼ   ሼ _____ ___ ___ ___ ___ ___ ___ ___

ሽ   ሽ _____ ___ ___ ___ ___ ___ ___ ___

ሾ   ሾ _____ ___ ___ ___ ___ ___ ___ ___

እጅ ፅሁፍ መለማመጃ
/ Hand writing practice/

ቀ ቀ _____

ቁ ቁ _____

ቂ ቂ _____

ቃ ቃ _____

ቄ ቄ _____

ቅ ቅ _____

ቆ ቆ _____

በ በ _____

ቡ ቡ _____

ቢ ቢ _____

ባ ባ _____

ቤ ቤ _____

ብ ብ _____

ቦ ቦ _____

እጅ ፅሁፍ መለማመጃ
/ Hand writing practice/

ተ   ተ _____ — — — — — — — — — — —

ቱ   ቱ _____ — — — — — — — — — — —

ቲ   ቲ _____ — — — — — — — — — — —

ታ   ታ _____ — — — — — — — — — — —

ቴ   ቴ _____ — — — — — — — — — — —

ት   ት _____ — — — — — — — — — — —

ቶ   ቶ _____ — — — — — — — — — — —

ቸ   ቸ _____ — — — — — — — — — — —

ቹ   ቹ _____ — — — — — — — — — — —

ቺ   ቺ _____ — — — — — — — — — — —

ቻ   ቻ _____ — — — — — — — — — — —

ቼ   ቼ _____ — — — — — — — — — — —

ች   ች _____ — — — — — — — — — — —

ቾ   ቾ _____ — — — — — — — — — — —

እጅ ፀሁፍ መለማመጃ
/ Hand writing practice/

ጎ   ጎ ___ __ __ __ __ __ __ __

ጉ   ጉ ___ __ __ __ __ __ __ __

ጊ   ጊ ___ __ __ __ __ __ __ __

ጋ   ጋ ___ __ __ __ __ __ __ __

ጌ   ጌ ___ __ __ __ __ __ __ __

ግ   ግ ___ __ __ __ __ __ __ __

ጎ   ጎ ___ __ __ __ __ __ __ __

ነ   ነ ___ __ __ __ __ __ __ __

ኑ   ኑ ___ __ __ __ __ __ __ __

ኒ   ኒ ___ __ __ __ __ __ __ __

ና   ና ___ __ __ __ __ __ __ __

ኔ   ኔ ___ __ __ __ __ __ __ __

ን   ን ___ __ __ __ __ __ __ __

ኖ   ኖ ___ __ __ __ __ __ __ __

እጅ ፅሁፍ መለማመጃ
/ Hand writing practice/

ኘ ኘ _____ _____ _____ _____ _____ _____ _____

ኙ ኙ _____ _____ _____ _____ _____ _____ _____

ኚ ኚ _____ _____ _____ _____ _____ _____ _____

ኛ ኛ _____ _____ _____ _____ _____ _____ _____

ኜ ኜ _____ _____ _____ _____ _____ _____ _____

ኝ ኝ _____ _____ _____ _____ _____ _____ _____

ኞ ኞ _____ _____ _____ _____ _____ _____ _____

አ አ _____ _____ _____ _____ _____ _____ _____

ኡ ኡ _____ _____ _____ _____ _____ _____ _____

ኢ ኢ _____ _____ _____ _____ _____ _____ _____

ኣ ኣ _____ _____ _____ _____ _____ _____ _____

ኤ ኤ _____ _____ _____ _____ _____ _____ _____

እ እ _____ _____ _____ _____ _____ _____ _____

ኦ ኦ _____ _____ _____ _____ _____ _____ _____

እጅ ፅሁፍ መለማመጃ
/ Hand writing practice/

ከ ከ ___ ___ ___ ___ ___ ___ ___ ___

ኩ ኩ ___ ___ ___ ___ ___ ___ ___ ___

ኪ ኪ ___ ___ ___ ___ ___ ___ ___ ___

ካ ካ ___ ___ ___ ___ ___ ___ ___ ___

ኬ ኬ ___ ___ ___ ___ ___ ___ ___ ___

ክ ክ ___ ___ ___ ___ ___ ___ ___ ___

ኮ ኮ ___ ___ ___ ___ ___ ___ ___ ___

ኸ ኸ ___ ___ ___ ___ ___ ___ ___ ___

ኹ ኹ ___ ___ ___ ___ ___ ___ ___ ___

ኺ ኺ ___ ___ ___ ___ ___ ___ ___ ___

ኻ ኻ ___ ___ ___ ___ ___ ___ ___ ___

ኼ ኼ ___ ___ ___ ___ ___ ___ ___ ___

ኽ ኽ ___ ___ ___ ___ ___ ___ ___ ___

ኾ ኾ ___ ___ ___ ___ ___ ___ ___ ___

እጅ ጽሁፍ መለማመጃ
/ Hand writing practice/

ወ ወ ___ ___ ___ ___ ___ ___ ___

ዊ ዊ ___ ___ ___ ___ ___ ___ ___

ዊ ዊ ___ ___ ___ ___ ___ ___ ___

ዋ ዋ ___ ___ ___ ___ ___ ___ ___

ዌ ዌ ___ ___ ___ ___ ___ ___ ___

ው ው ___ ___ ___ ___ ___ ___ ___

ዎ ዎ ___ ___ ___ ___ ___ ___ ___

ዐ ዐ ___ ___ ___ ___ ___ ___ ___

ዑ ዑ ___ ___ ___ ___ ___ ___ ___

ዒ ዒ ___ ___ ___ ___ ___ ___ ___

ዓ ዓ ___ ___ ___ ___ ___ ___ ___

ዔ ዔ ___ ___ ___ ___ ___ ___ ___

ዕ ዕ ___ ___ ___ ___ ___ ___ ___

ዖ ዖ ___ ___ ___ ___ ___ ___ ___

እጅ ፅሁፍ መለማመጃ
/ Hand writing practice/

ዘ   ዘ __ ___ ___ ___ ___ ___ ___ ___

ዙ   ዙ __ ___ ___ ___ ___ ___ ___ ___

ዚ   ዚ __ ___ ___ ___ ___ ___ ___ ___

ዛ   ዛ __ ___ ___ ___ ___ ___ ___ ___

ዜ   ዜ __ ___ ___ ___ ___ ___ ___ ___

ዝ   ዝ __ ___ ___ ___ ___ ___ ___ ___

ዞ   ዞ __ ___ ___ ___ ___ ___ ___ ___

ዠ   ዠ __ ___ ___ ___ ___ ___ ___ ___

ዡ   ዡ __ ___ ___ ___ ___ ___ ___ ___

ዢ   ዢ __ ___ ___ ___ ___ ___ ___ ___

ዣ   ዣ __ ___ ___ ___ ___ ___ ___ ___

ዤ   ዤ __ ___ ___ ___ ___ ___ ___ ___

ዥ   ዥ __ ___ ___ ___ ___ ___ ___ ___

ዦ   ዦ __ ___ ___ ___ ___ ___ ___ ___

እጅ ፅሁፍ መለማመጃ
/ Hand writing practice/

የ   የ ____ ____ ____ ____ ____ ____ ____ ____

ዩ   ዩ ____ ____ ____ ____ ____ ____ ____ ____

ዪ   ዪ ____ ____ ____ ____ ____ ____ ____ ____

ያ   ያ ____ ____ ____ ____ ____ ____ ____ ____

ዬ   ዬ ____ ____ ____ ____ ____ ____ ____ ____

ይ   ይ ____ ____ ____ ____ ____ ____ ____ ____

ዮ   ዮ ____ ____ ____ ____ ____ ____ ____ ____

ደ   ደ ____ ____ ____ ____ ____ ____ ____ ____

ዱ   ዱ ____ ____ ____ ____ ____ ____ ____ ____

ዲ   ዲ ____ ____ ____ ____ ____ ____ ____ ____

ዳ   ዳ ____ ____ ____ ____ ____ ____ ____ ____

ዴ   ዴ ____ ____ ____ ____ ____ ____ ____ ____

ድ   ድ ____ ____ ____ ____ ____ ____ ____ ____

ዶ   ዶ ____ ____ ____ ____ ____ ____ ____ ____

እጅ ፅሁፍ መለማመጃ
/ Hand writing practice/

ጀ   ጀ   ___ ___ ___ ___ ___ ___ ___

ጁ   ጁ   ___ ___ ___ ___ ___ ___ ___

ጂ   ጂ   ___ ___ ___ ___ ___ ___ ___

ጃ   ጃ   ___ ___ ___ ___ ___ ___ ___

ጄ   ጄ   ___ ___ ___ ___ ___ ___ ___

ጅ   ጅ   ___ ___ ___ ___ ___ ___ ___

ጆ   ጆ   ___ ___ ___ ___ ___ ___ ___

ገ   ገ   ___ ___ ___ ___ ___ ___ ___

ጉ   ጉ   ___ ___ ___ ___ ___ ___ ___

ጊ   ጊ   ___ ___ ___ ___ ___ ___ ___

ጋ   ጋ   ___ ___ ___ ___ ___ ___ ___

ጌ   ጌ   ___ ___ ___ ___ ___ ___ ___

ግ   ግ   ___ ___ ___ ___ ___ ___ ___

ጎ   ጎ   ___ ___ ___ ___ ___ ___ ___

እጅ ፅሁፍ መለማመጃ
/ Hand writing practice/

ጠ ጠ ___ ___ ___ ___ ___ ___

ጡ ጡ ___ ___ ___ ___ ___ ___

ጢ ጢ ___ ___ ___ ___ ___ ___

ጣ ጣ ___ ___ ___ ___ ___ ___

ጤ ጤ ___ ___ ___ ___ ___ ___

ጥ ጥ ___ ___ ___ ___ ___ ___

ጦ ጦ ___ ___ ___ ___ ___ ___

ጨ ጨ ___ ___ ___ ___ ___ ___

ጩ ጩ ___ ___ ___ ___ ___ ___

ጪ ጪ ___ ___ ___ ___ ___ ___

ጬ ጬ ___ ___ ___ ___ ___ ___

ጭ ጭ ___ ___ ___ ___ ___ ___

ጮ ጮ ___ ___ ___ ___ ___ ___

ጯ ጯ ___ ___ ___ ___ ___ ___

እጅ ፅሁፍ መለማመጃ
/ Hand writing practice/

ጿ ጿ ___ ___ ___ ___ ___ ___ ___

ጹ ጹ ___ ___ ___ ___ ___ ___ ___

ጺ ጺ ___ ___ ___ ___ ___ ___ ___

ጸ ጸ ___ ___ ___ ___ ___ ___ ___

ጼ ጼ ___ ___ ___ ___ ___ ___ ___

ጽ ጽ ___ ___ ___ ___ ___ ___ ___

ጾ ጾ ___ ___ ___ ___ ___ ___ ___

ፀ ፀ ___ ___ ___ ___ ___ ___ ___

ፁ ፁ ___ ___ ___ ___ ___ ___ ___

ፂ ፂ ___ ___ ___ ___ ___ ___ ___

ፃ ፃ ___ ___ ___ ___ ___ ___ ___

ፄ ፄ ___ ___ ___ ___ ___ ___ ___

ፅ ፅ ___ ___ ___ ___ ___ ___ ___

ፆ ፆ ___ ___ ___ ___ ___ ___ ___

እጅ ፅሁፍ መለማመጃ
/ Hand writing practice/

ፀ	ጠ	___	___	___	___	___	___	___
ፁ	ጡ	___	___	___	___	___	___	___
ፂ	ጢ	___	___	___	___	___	___	___
ፃ	ጣ	___	___	___	___	___	___	___
ፄ	ጤ	___	___	___	___	___	___	___
ፅ	ጥ	___	___	___	___	___	___	___
ፆ	ጦ	___	___	___	___	___	___	___
ፈ	ጨ	___	___	___	___	___	___	___
ፉ	ጩ	___	___	___	___	___	___	___
ፊ	ጪ	___	___	___	___	___	___	___
ፋ	ጫ	___	___	___	___	___	___	___
ፌ	ጬ	___	___	___	___	___	___	___
ፍ	ጭ	___	___	___	___	___	___	___
ፎ	ጮ	___	___	___	___	___	___	___

እጅ ፅሁፍ መለማመጃ
/ Hand writing practice/

ፐ ፐ __ __ __ __ __ __ __ __

ፑ ፑ __ __ __ __ __ __ __ __

ፒ ፒ __ __ __ __ __ __ __ __

ፓ ፓ __ __ __ __ __ __ __ __

ፔ ፔ __ __ __ __ __ __ __ __

ፕ ፕ __ __ __ __ __ __ __ __

ፖ ፖ __ __ __ __ __ __ __ __

መለማመጃ ገፅ
/ Practice page/

መለማመጃ ገፅ
/ Practice page/

——— ——— ——— ——— ——— ——— ———

——— ——— ——— ——— ——— ——— ———

——— ——— ——— ——— ——— ——— ———

——— ——— ——— ——— ——— ——— ———

——— ——— ——— ——— ——— ——— ———

——— ——— ——— ——— ——— ——— ———

——— ——— ——— ——— ——— ——— ———

——— ——— ——— ——— ——— ——— ———

——— ——— ——— ——— ——— ——— ———

——— ——— ——— ——— ——— ——— ———

——— ——— ——— ——— ——— ——— ———

——— ——— ——— ——— ——— ——— ———

——— ——— ——— ——— ——— ——— ———

መለማመጃ ገፅ
/ Practice page/

የኢትዮጲያ ግእዝ ቁጥር
/Ethiopian Ge'ez Number/

፩	1	One	and
፪	2	Two	hulet
፫	3	Three	sost
፬	4	Four	arat
፭	5	Five	amst
፮	6	Six	sidist
፯	7	Seven	sebat
፰	8	Eight	simint
፱	9	Nine	zetegn
፲	10	Ten	asr
፲ ፩	11	Eleven	Asra-and
፲ ፪	12	Twelve	Asra-hult
፲ ፫	13	Thirteen	Asra-sost
፲ ፬	14	Fourteen	Asra-arat
፲ ፭	15	Fifteen	Asra-amst

Did you notice that there is no zero(0) in Ge'ez number

የኢትዮጲያ ግእዝ ቁጥር
/Ethiopian Ge'ez Number/

፲፮	16	Sixteen	Asra-sidist
፲ ፯	17	seventeen	Asra-sebat
፲ ፰	18	eighteen	Asra-siment
፲ ፱	19	nineteen	Asra-zethegn
፳	20	Twenty	haya
፳ ፩	21	Twenty-one	Haya-and
፳ ፪	22	Twenty-two	Haya-hulet
፳ ፫	23	Twenty-three	Haya-sost
፳ ፬	24	Twenty-four	Haya-arat
፳ ፭	25	Twenty-five	Haya-amst
፳ ፮	26	Twenty-six	Haya-sidist
፳ ፯	27	Twenty-seven	Haya-sebat
፳ ፰	28	Twenty-eight	Haya-simnt
፳ ፱	29	Twenty-nine	Haya-zethegn
፴	30	thirty	selasa

በግዕዝ ቁጥር ውስተ የኢትዮጵያ የማኅበረሰ ተመለካታችሁ

ቀለማት መማሪያ

የኢትዮጲያ ሰንደቃላማ
Ethiopia Flag
/ye Ethiopia sendekalama/

አረንጓዴ (Arenguadie) Green
ቢጫ (Bicha) Yellow
ቀይ (Key) Red

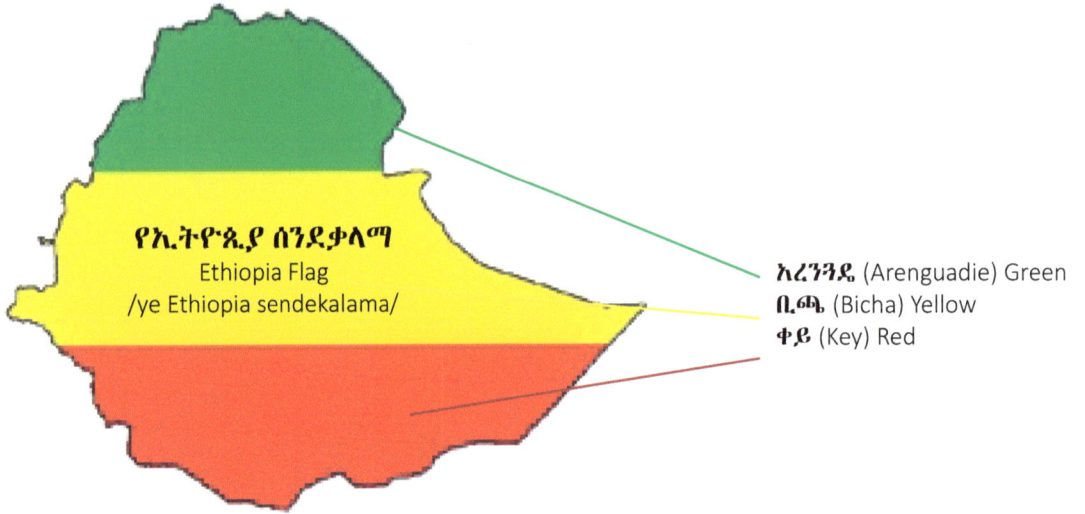

ጥቁር ዶሮ
(Tikur Doro)
Black Hen

ወርቃማ አሣ
(Workama Asa)
Golden Fish

ሮዝ ጽጌረዳ
(Rose tsigereda)
Pink Rose

ነጭ ንስር ጭንቅላት
(nech nisir chinklat)
white Eagle head

ቀለማት መማሪያ

ቀስተደመና
(Keste Demena)
Rainbow

ሰማያዊ ሰማይ
(Semayawi Semay)
blue sky

ቡኒ ፈረስ
(buni feres)
Brown horse

ብርቱካን ብርቱካንማ
(birtucan birtucanma)
Orange orange color

ወይንጠጅ አበባ
(wointej Abeba)
Purple flower

ውሃሰማያዊ ቢራቢሮ
(Wuha semayawi)
Light blue butter fly

ቅርፅ

qirts/shape/

ክብ
(Kib) Circle

ሞላላ
(Molala) Oval

ልብ ቅርፅ
(Lib Kirtsie) heart

የቀኝ ሶስት ማእዘን
(Kegn sost maezen)
Right triangle

ሶስት ማእዘን
(Sost maezen)
Triangle

የግራ ሶስት ማእዘን
(Gira sost maezen)
Left triangle

አራት ማእዘን
Arat Maezen)

ሲሊንደር
(Cylinder)

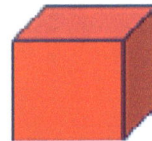

ኩብ
Cube) Cube Rectangle Cylinder
ስድስት ጎን ያለው ቅርጽ፣ አንኳር፣ ቄራጭ
(sidst gon yalew qerts anquar qurache)

ኮከብ ባለ 4 ጎን
(Kokeb bale Arat Maezen)
4 side star

ኮከብ ባለ 5 ጎን
Kokeb bale aemısı Maezcn)
5 side star

ኮከብ ባለ 6 ጎን
Kokeb bale sidist Maezen)
6 side star

ስድስት ማእዘን
Sadist maezen)
Hexagon

አልማዝ
(Almaz)
Diamond

አምስት ማእዘን
(Amst maezen)
Pentagon

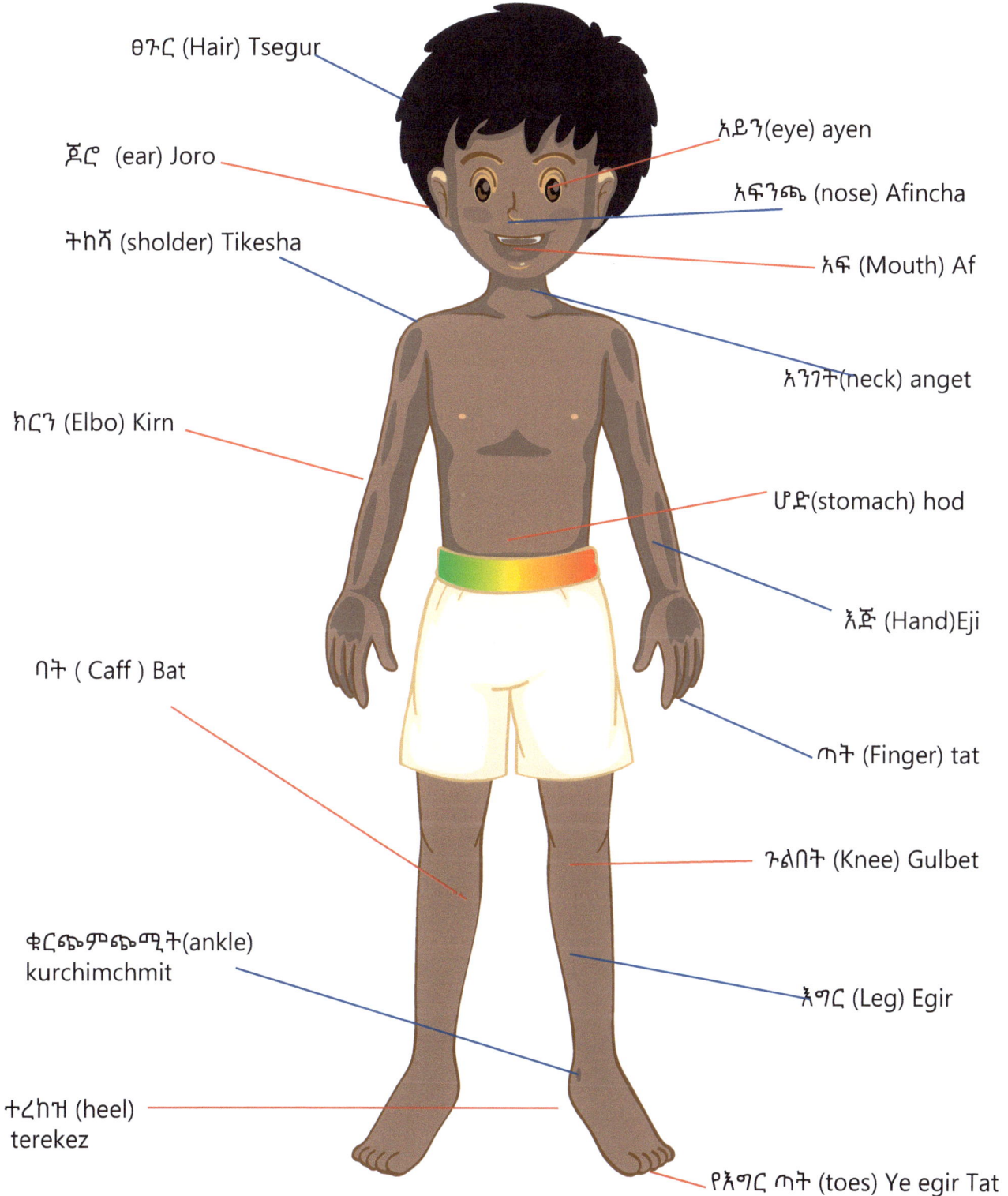

የሰዉነት ክፍል

(Body Parts)

ፀጉር (Hair) Tsegur

ጆሮ (ear) Joro

ትከሻ (sholder) Tikesha

ክርን (Elbo) Kirn

ባት (Caff) Bat

ቁርጭምጭሚት(ankle)
kurchimchmit

ተረከዝ (heel)
terekez

አይን(eye) ayen

አፍንጫ (nose) Afincha

አፍ (Mouth) Af

አንገት(neck) anget

ሆድ(stomach) hod

እጅ (Hand)Eji

ጣት (Finger) tat

ጉልበት (Knee) Gulbet

እግር (Leg) Egir

የእግር ጣት (toes) Ye egir Tat

መሰረታዊ ቃላቶች
(meseretawi qalatoch)
Some basic words

እኔ	> ine	> I
አንቺ	> anchi	> You Girls
አንተ	> ante	> You BOYS
እርሶ	> irso	> You he /she for older person
እሱ	> issu	> He
እሷ	> issua	> She
እሳቸው	> isachew	> he /she for older person
አዎ	> awo	> Yes
አይ	> aye	> No
ምን አልባት	> min albat	> May be
እሺ	> ishi	> Ok
አመሰግናለው	> ameseginalew	> Thank you
ምንም አይደል	> minim aydel	> No problem

መሰረታዊ ቃላቶች
(meseretawi qalatoch)
Some basic words

ይቅርታ	> yikirta	> Excuse me
በጣም አዝናለው	> betam aznalew	> am very sorry
አለኝ	> alegn	> I have...
የለኝም	> yelegnm	> I do not have....
አለን	> alen	> we do have....
የለንም	> yelenim	>we do not have....
አለ	> ale	> there is...
የለም	> yelem	> there is no...
ሰላም ጤና ይስጥልኝ	> selam tena yestilign	> Hello How are you doing?
እንደምን አደራችሁ	> indemin aderachihu	>Good Morning?
እንደምን ዋላችሁ	> indemin walachhu	> Good Afternoon?
እንደምን አመሻችሁ	> indemin ameshachu	> Good Evening?
ደህና እደሩ	> dehna ideru	> Good Night.
ደህና ሁኑ	> dehna hunu	> Goodbye.

አቡጊዳ
Abugida

አ	ቡ	ጊ	ዳ	ሄ	ዉ	ዘ
በ	ጉ	ዲ	ሃ	ዌ	ቸ	ዠ
ገ	ዱ	ሂ	ዋ	ዜ	ቺ	ሉ
ደ	ሁ	ዊ	ዘ	ዢ	ሕ	ሉ
ሀ	ዉ	ዚ	ዥ	ሔ	ጥ	ጬ
ወ	ቱ	ዧ	ሐ	ጤ	ጭ	ዩ
ዘ	ቸ	ሒ	ጠ	ጮ	ይ	ከ
ዠ	ሑ	ጢ	ጨ	ዬ	ክ	ኸ
ሐ	ቡ	ጪ	ያ	ኬ	ኽ	ሎ
ጠ	ጬ	ዱ	ከ	ኼ	ል	ሞ
ጬ	ዩ	ኪ	ኽ	ሌ	ም	ኖ
የ	ኩ	ኺ	ለ	ሜ	ን	ጆ
ከ	ኹ	ሊ	ማ	ኔ	ኝ	ሰ
ኸ	ሉ	ሚ	ና	ኼ	ስ	ሸ
ለ	ሙ	ኒ	ኛ	ሴ	ሽ	ዖ
መ	ኑ	ኚ	ሰ	ሼ	ዐ	ፎ
ነ	ኙ	ሲ	ሽ	ዔ	ፍ	ጸ

አቡጊዳ
Abugida

ፕ	ሱ	ሺ	ባ	ፌ	ጸ	ቆ
ሰ	ሹ	ዒ	ፉ	ጼ	ቅ	ሮ
ሽ	ዑ	ሪ	ጸ	ቄ	ር	ሡ
ዐ	ፉ	ዪ	ቃ	ሬ	ሠ	ቶ
ሬ	ጹ	ቂ	ራ	ዄ	ት	ቸ
ጸ	ቁ	ረ	ዊ	ቴ	ች	ኞ
ቀ	ሩ	ዄ	ታ	ቼ	ነ	ጸ
ረ	ሥ	ቲ	ቻ	ኔ	ኗ	ዮ
ሠ	ቷ	ቺ	ኋ	ጾ	ፀ	ፐ
ተ	ቿ	ኒ	ጿ	ዬ	ፕ	ጀ
ቸ	ኍ	ኚ	ፃ	ቴ	ጆ	ኦ
ኀ	ጾ	ኒ	ፃ	ጇ	እ	በ
ጸ	ፀ	ፒ	ጇ	ኤ	ብ	ጎ
ፀ	ቹ	ጇ	ኣ	ቤ	ግ	ዶ
ፐ	ጇ	ኢ	በ	ኔ	ድ	ሀ
ጇ	ኍ	ቢ	ጋ	ዶ	ህ	ዋ

የኢትዮጵያ ካርታ

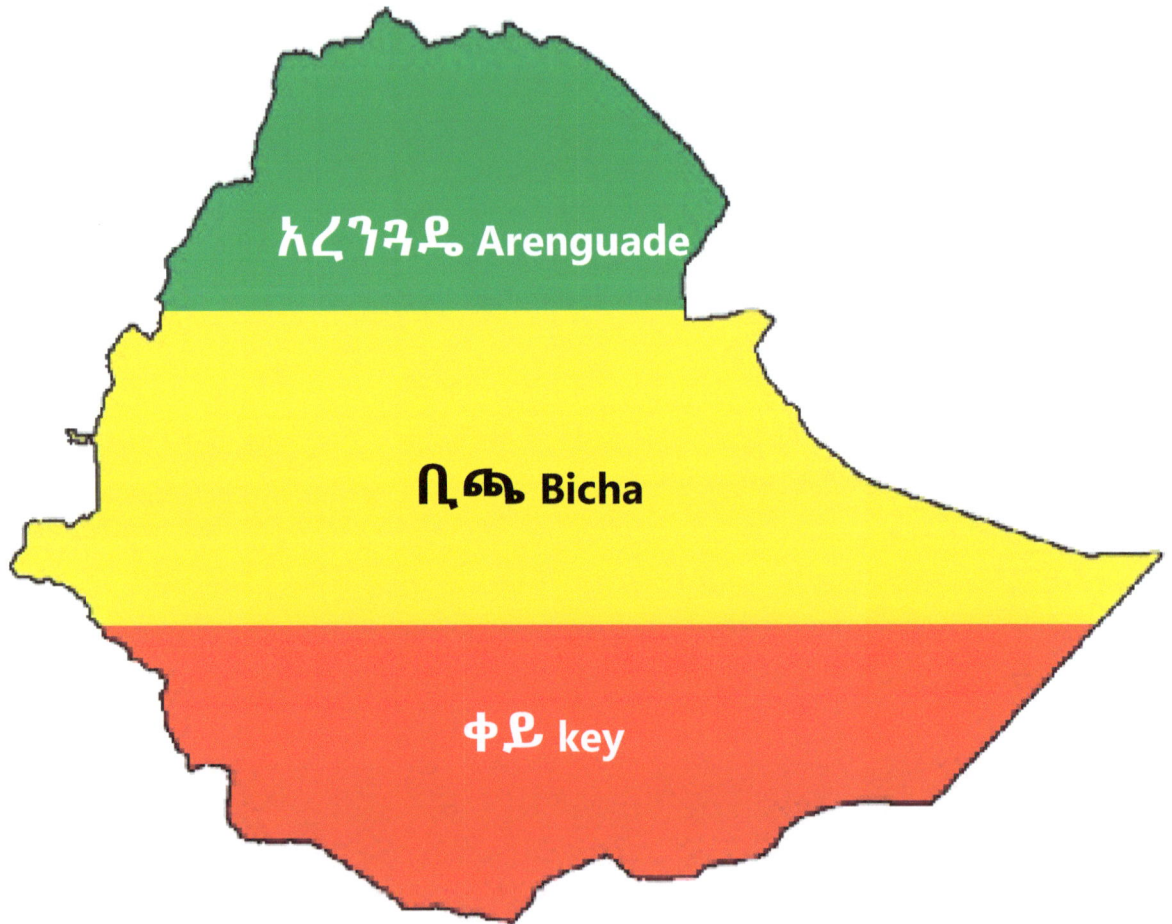

ከአፍሪካ ካርታ ላይ ኢትዮጵያ የት እንደምትገኝ አሳይ/አሳዩ

Where is Ethiopia Located Exactly on the Map of Africa?

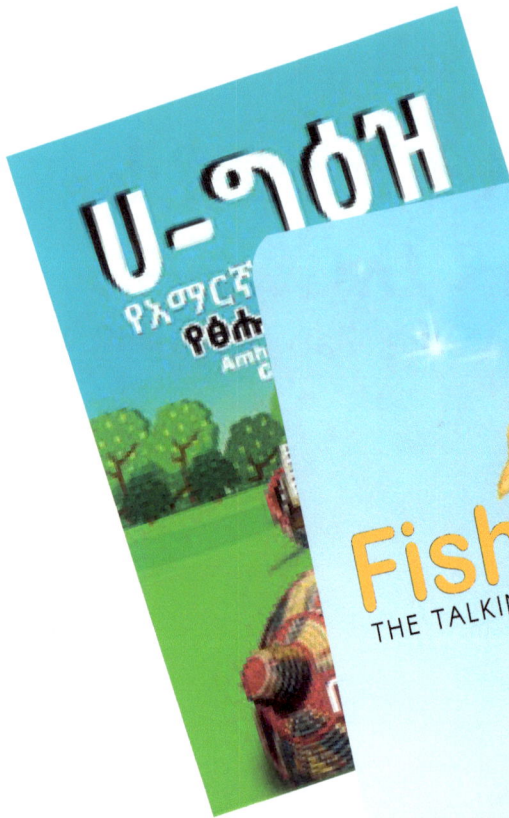

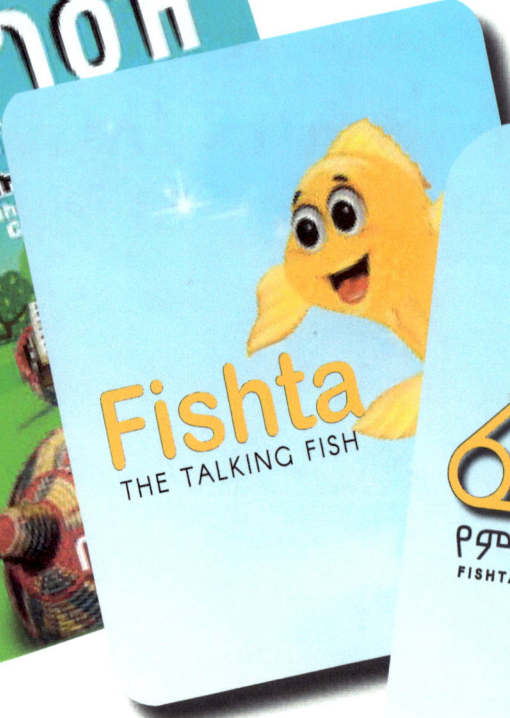